拉鲁斯专注力

训练游戏书

了不起的大侦探

[法]奥拉尔·梅耶 [法]桑德拉·勒布朗 著
[法]特蕾丝·邦特 [法]洛朗·科林 [法]洛朗·奥都安 [法]莫德·里恩纳尔 绘
唐天红 译

中信出版集团 | 北京

神秘物品

根据侦探图瓦图布尔给出的线索，找出方格中隐藏的物品……

- 找到与下列序号对应的格子，将这些格子涂成蓝色：
  E4、F4、D5、E5、F5、G5、H5、C6、D4、D6、D7、
  E6、F6、G6、H6、E7、F7、K5、K6。
- 在C5 中画一个菱形，把菱形以外的部分涂成蓝色。
- 找到B5、C4、K4、J5，按照右图所示，将格子的一部分涂成蓝色。 
- 找到I5 和G4，按照右图所示，将格子的一部分涂成蓝色。 
- 找到B6、J6、C7和K7，按照右图所示，将格子的一部分涂成蓝色。 
- 找到G7和I6， 按照右图所示，将格子的一部分涂成蓝色。 

	A	B	C	D	E	F	G	H	I	J	K	L
1												
2												
3												
4												
5												
6												
7												
8												
9												

嫌疑人名单

侦探法尔弗耶这次要调查的嫌疑人最近在学习中国文化，不过他们还没有学得很好，给自己起的中文姓名很奇怪，名字里的两个字合在一起恰好构成了姓氏。你能找出他们的中文姓名吗？

1.______ 2.______ 3.______ 4.______ 5.______ 6.______ 7.______ 8.______ 9.______

嫌疑人是谁

嫌疑人使用了假身份，但侦探似乎已经把他找出来了。你能根据下面的提示，找出嫌疑人是前一页图中的哪个人吗？

嫌疑人的姓名是：________________

弓口长月人子古木
可土田立双雨早小

少年侦探的难题

罗莉梦想长大后成为一名侦探。她经常尝试去破解一些谜题。现在她遇到了困难，你能帮她找出规律，把下面的序列补充完整吗？

伤脑筋的难题

皮埃尔想画3条线将图中的7所房屋隔开，快来帮帮他！

抓小偷

城里发生了一起珠宝盗窃案！有目击者看到小偷带着珠宝离开了……
根据目击者的描述，帮助侦探法尔弗耶画出小偷的画像吧。

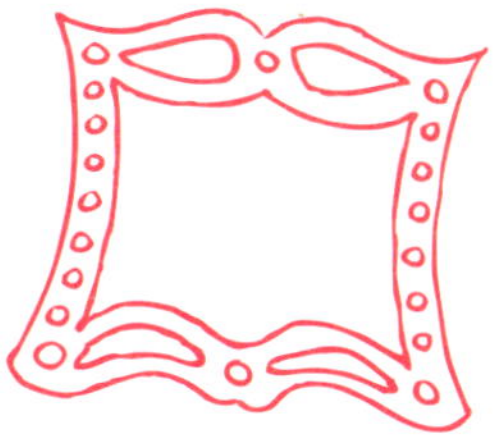

数字难题

卡斯拉塔特老师给学生布置了一个难题！观察下图，看看怎样填数字才能让每一横行、每一竖行，以及每9个小格子组成的大格子中，都分别包含1到9这9个数字。

5	3			7				
6		2	1	9	5			
	9	8		4	2	5	6	7
8	5			6	1	4		3
4		6	8		3			1
7		3		2			5	6
	6	1	5			2	8	
		7	4	1	9			5
3		5		8	6		7	9

谁赚得最多

肉店老板和药店老板都说自己今天赚得最多。快来取证调查，看看谁说的才是对的。只要将下面的数加在一起，得出总和，就可以知道答案了。

侦探的线索

写出下面7个问题的答案，把每个答案的首字母（答案是汉字的话，则是第一个字的拼音首字母）拼在一起，你就可以知道侦探法尔弗耶在寻找什么了。

1 德国在中国什么方向上？______

2 英文字母表的第九个字母。______

3 哪个成语可以形容喜欢得舍不得放下？______

4 世界七大洲之一，名字源于希腊神话中的人物“欧罗巴”。______

5 我不是太阳系最大的行星，也不是最小的，我在海王星和土星之间，你知道我是谁吗？______

6 一个表示“可以”“好”的英文单词，由两个字母组成。______

7 不明飞行物的英文缩写。______

答案：______

小偷的留言

侦探法尔弗耶启动了调查，但是他需要先破解小偷给同伙留下的信息。将下图中所有城市名画掉，然后将剩下的字组合在一起，看看小偷留下的信息是什么。

我	北	京	把	天	津	上	海
武	汉	油	长	沙	画	青	岛
偷	郑	州	到	杭	州	成	都
昆	明	了	广	州	到	香	港
面	海	口	包	包	头	西	安
台	北	店	哈	尔	滨	后	面
找	兰	州	我	拉	萨	昆	明

答案：

不一般的纪念照

下面这张照片是游客拍下来的纪念照，这张照片上留下了小偷的线索。你能否根据第13页的答案，将小偷找出来？此外，在右侧标注着序号1到6的小图中，有一幅图并没有在左侧的大图中出现，你能将它找出来吗？

小偷的目标

下图每个放大镜上的词组中，都有一个和其他词不是一类，把这6个词找出来，然后把它们的第一个字按顺序组合在一起，就是小偷准备行窃的目标。

答案：________

数学谜题

格拉戴特先生正在做调查。只要解答出下面的数学题就能发现线索。下图中的每个图案都代表一个固定的数字，你能根据已有的数字，分析出每个图案对应的数字吗？

马克西姆的机器人

马克西姆想把他的机器人都收进盒子中，标注着字母的图片是不同的盒子展开后的样子，仔细观察马克西姆手中的盒子，看看他的盒子对应的是哪张图片。

侦探测试题

你想知道自己能否成为一名合格的侦探吗？快来试着解决下面的谜题吧！

1. 韦罗妮卡说她一个橘子吃了两年，而且橘子还没有腐烂，你觉得她一定是在撒谎吗？

2. 夜晚的时候，我的姐姐会把我赶走，霸占我的地盘；而白天的时候，我会把她赶走，霸占她的地盘。你知道我们是谁吗？

3. 雅克叔叔说话总是很复杂！比如现在他在看相册，然后就陷入了沉思。他的妻子珍妮特问他：“你在看谁的照片？”雅克叔叔却回答说：“我是个独生子，而照片上这个人的父亲是我父亲的儿子。”那么他看的是谁的照片呢？

4. 我从来都不呼吸，但是我却能吹出很多气体。你知道我是谁吗？

5. 一个医生在从业期间治愈过2222名患者，但是从来没有一名患者向他说过“谢谢”。你知道这是为什么吗？

不完整的船舵

你是不是很擅长逻辑推理呢？

把下图中的6个船舵中缺少的内容补充上吧！从船舵中粉红色的部分开始，按照顺时针的方向填充。

手忙脚乱的一天

朱莉是一名医生，她要给一个患者开药。可是药瓶和药盒混在一起了，根据提示帮她把药找出来吧！计算下图中药盒上的算术题，你会发现有一个药盒上面的运算结果不是13，那就是朱莉要找的药。

加密信件

侦探法尔弗耶收到了一封信，可是这封信的内容是加密的。根据提示把信的内容破解出来吧！提示：将写有文字的拼图块放入下图的空白格子中，拼好后，按照从上到下、从左到右的顺序阅读，就可以知道信的内容了。

呼噜呼噜

侦探法尔弗耶想制作一种让小偷昏睡的药水，（药水的原料是老鼠毛和蛤蟆口水，下图的空格里放的是药水原料），请你将空格补充完整，使每个水龙头流出的药水包含同样比例的老鼠毛和蛤蟆口水。

小偷在哪里

为了找到小偷，侦探法尔弗耶要根据线索一一排除小偷经过的所有地方，最后剩下的那个地方，就是小偷的藏身之处。

线索：

1. 小偷买了一只玩具熊，寄送过信件，还逛过珠宝店。
2. 小偷经过了图中所有出售食物的店铺。
3. 小偷不在和书有关的地方，也不在C2和C3所指示的地方。
4. 小偷不在咖啡厅，不在市政府，也不在D3和A4所指示的地方。
5. 小偷不在饭店上方图片指示的地方，也不在花园上方图片指示的地方。

即刻逮捕

侦探法尔弗耶抓住了几个臭名昭著的罪犯，根据下面的线索，说出他们每个人的名字，然后把他们的名字分别写在对应的牌子中。

证言是什么

下图中的人物是犯罪现场的目击证人和侦探，证人在把自己看到的事情告诉侦探，但是这些人和他们说的话并不是对应的，你能通过观察，找到每个人说的话吗？A______B______C______D______E______F______

加密线索

从红色箭头指示的地方开始，按照黄色房门上的箭头指示前行，一个箭头对应一个格子。到达终点后，把所有途经的格子中的字连成一句话，就可以发现关于小偷的线索。

去尔弗耶

→→↓→→→↓↓
↓←←←↓↓↘↘
→↑↗↗↑↑↑→
↗↗→→→↓↓↓
←←←↓↓↓↘↙
↙←↓↓←←↙↙
↓→→↑↗→→→
↘↘→↓↘

这	个	干	去	学	笑	心	里	高	清	爽	胡	子	田
云	偷	东	西	的	眨	眼	睛	很	音	乐	表	刮	开
东	右	上	分	家	外	起	来	算	数	书	页	得	始
西	左	下	开	伙	语	看	米	好	净	净	干	干	美
南	头	一	着	长	英	脸	谜	好	但	方	电	视	机
北	金	春	夏	秋	冬	的	语	学	令	向	器	电	脑
金	黄	风	雷	闪	他	童	年	习	人	手	机	话	全
祖	国	色	奇	发	怪	树	枝	草	木	费	人	育	体
庭	家	里	的	头	繁	荣	昌	盛	解	方	方	面	面
三	人	面	百	家	姓	氏	是	的	更	加	减	乘	除
字	山	子	家	和	人	族	他	非	线	工	具	选	择
经	人	比	争	睦	一	着	戴	常	曲	人	玩	大	器
史	海	例	鸣	顶	夫	帽	和	同	样	直	要	小	晚
子	孙	后	红	节	诞	当	关	万	一	颜	色	多	成
集	集	代	色	的	圣	然	夫	人	个	城	色	的	少
股	市	场	地	口	语	莫	承	担	特	墙	大	领	好
白	城	土	主	人	开	关	受	心	别	头	脑	瓜	结

这________________________________

____

插翅难逃

将下图各行方格中的字进行排序，然后将排列好的句子填写到下页的横线上。

这个______长着______，他____________。

他的头上戴着一顶______，那是他________，

在_________拿的。因为他想_______，不让别人认出来。不

过__________，因为这样的装扮，_______，他更加_________！

案发现场

你能帮帮侦探法尔弗耶，让他尽快破案吗？仔细观察，将下图中标注着数字的小方格，放到标注着字母的大方格中，这样就可以帮助侦探找到线索。

珠宝被偷了

格罗卡耶奥夫人的珠宝店被盗了。小偷偷走了一条价值连城的项链。根据下面给出的线索，找出一组三位数的密码，来启动报警器吧！

藏身之处

观察下图中的数字，将是 3 的倍数的数对应的点用线连在一起。连好后会出现一个建筑物，在格罗卡耶奥夫人的珠宝店行窃的小偷就藏在里面。

侦探小助手

孩子们想助侦探一臂之力，帮他找出线索。观察下面气球中的成语，每个成语都缺少了最后一个字，补齐成语，将缺少的字按照序号填写在下面的方框中，你就可以知道孩子们找到的线索是什么了。

奇怪的物品

侦探法尔弗耶在案发现场发现了一样奇怪的物品。按照下面的提示，在下一页的格子中，把这件物品画出来。

- 在下一页的图中找到D4、F2和E3，将格子涂成黑色。
- 找到C4、D3、E2，按照右图所示，将格子的一部分涂成黑色。
- 找到D5、E4、F3，按照右图所示，将格子的一部分涂成黑色。
- 找到C5，按照右图所示，将格子的一部分涂成黑色。
- 找到F5 和G6，将格子涂成黄色。
- 找到C2和E4，按照右图所示，将格子的一部分涂成黄色。
- 找到D3和H7，按照右图所示，将格子的一部分涂成黄色。
- 找到C3、E5、F6 和G7，按照右图所示，将格子的一部分涂成黄色。
- 找到D2、F4、G5 和H6，按照右图所示，将格子的一部分涂成黄色。
- 找到I8，将格子涂成红色。
- 找到H8 和I9，按照右图所示，将格子的一部分涂成红色。
- 找到H7，按照右图所示，将格子的一部分涂成红色。
- 找到J9，按照右图所示，将格子的一部分涂成红色。
- 找到I7 和J8，按照右图所示，将格子的一部分涂成红色。

	A	B	C	D	E	F	G	H	I	J
1										
2										
3										
4										
5										
6										
7										
8										
9										

猜谜游戏

根据下面每幅图后的文字描述，在下一页找出对应的答案，把题目序号写在答案前。

1. 一种动物，别称是“八爪鱼”。

2. 一种无脊椎动物，身体上布满了刺。

3. 背着氧气瓶去水下探险的运动是什么?

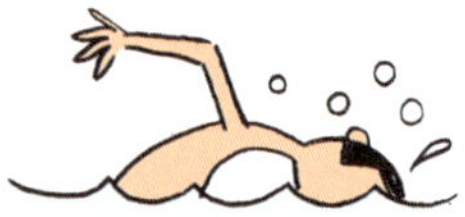

4. 有了这样东西，你在水下也可以看清楚。

5. 在海滩捡贝壳时，如果运气好，可以在一种贝壳中发现珍珠，这是什么贝壳?

6. 在海滩上晒太阳时，有时会有细碎的小东西跑进衣服中，让你不舒服，这是什么?

7. 遭遇海难沉到海底的船只，累月经年，会变成什么?

8. 一种生成在水下，会形成像树枝一样的东西的动物 。

9. 这种动物由雄性负责生育后代。

10. 这种动物令人震撼，是世界上最大的哺乳动物。

11. 这种生活在海里的动物外表长得像一朵花。

12. 这种动物长得很漂亮，就像一把透明的伞，可是被它刺伤好痛呀!

13. 有了它，你就可以在水下呼吸了。

14. 它们被海浪侵蚀后，会慢慢变成沙子。

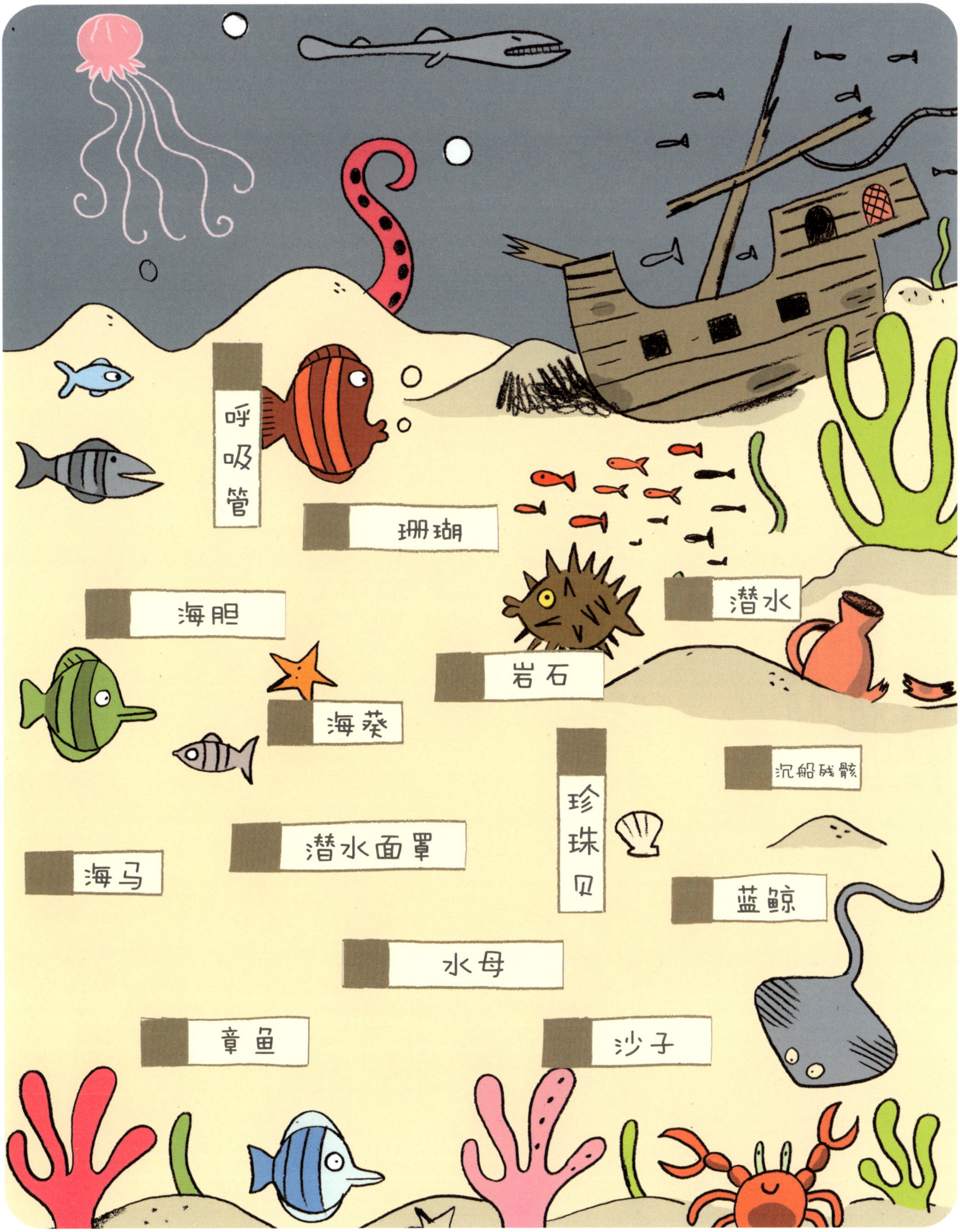
呼吸管
珊瑚
海胆
潜水
岩石
海葵
沉船残骸
珍珠贝
潜水面罩
海马
蓝鲸
水母
章鱼
沙子

海滩上的神秘信息

阿尔杜尔在海滩上发现了一条神秘的信息，根据下面箭头的指示，在右面的格子中找到对应的字。一个箭头对应着一个格子。到达终点后，把途经的格子中的字连成一句话，就可以发现线索，破解秘密。

海⇨⇨⇩⇨⇘⇨⇩⇩⇩⇦⇦
⇩⇘⇘⇨⇩⇩⇦⇦⇦⇙⇩⇩
⇨⇗⇗⇨⇨⇘⇩⇙⇩⇩⇨⇨⇧
⇧⇧⇗⇧⇨⇗⇧⇧⇖⇧⇧⇨⇧⇧

海	盗	抢	日	中	饿	生	手	水	光	云	马	飞
木	和	了	一	果	皮	力	半	足	羊	龟	乌	耳
土	天	文	问	大	批	心	风	头	米	见	斤	回
东	服	衣	天	夏	珠	是	他	分	园	地	入	面
南	西	北	面	热	宝	球	皮	画	画	花	生	下
豆	瓜	方	他	惜	可	气	词	语	言	子	沙	丘
辛	苦	累	们	可	兔	子	月	亮	学	校	个	几
牙	齿	来	去	没	猫	狗	日	子	生	服	三	雨
刷	轮	子	丛	林	能	来	上	学	下	课	伞	常
新	年	过	风	刮	人	得	马	骑	坐	认	识	的
开	车	辆	宝	珠	将	及	不	停	蹄	词	字	后
躲	交	带	他	们	它	们	藏	止	水	大	树	弄
起	公	走	这	把	常	一	个	在	面	在	木	在
来	共	于	是	左	向	口	路	了	藏	子	林	家
样	同	时	间	右	边	变	这	森	就	儿	阳	里
显	示	表	手	脚	人	化	片	林	宝	童	向	外
入	代	时	远	古	怪	奇	海	滩	珠	改	正	确

海______________________________

____

调查地点

佩特罗是个小侦探，他发现了一个神奇的喷泉，将喷泉水池中重复出现两次或三次的字画掉，然后将剩下的字组合在一起，就可以知道佩特罗下次要去的调查地点了。

爱玩闹的海豚

将下图中每个游泳圈上的拼音拼出来，你就可以知道小海豚的4个爱好了。

他们说了什么

下图第一个方框中的话是鲨鱼塞姆说的，你能看出来它说的是什么吗？第二个方框中的话是水母米拉说的，把书放到镜子前面，你就知道米拉说的是什么了！

潜水

纳唐和左伊正在海底潜水。将下图的两个对话框中所有的“噗”和“嘟”都去掉，然后将剩下的字连在一起，你就可以知道他们说了什么。

单峰驼的回答

单峰驼的主人了问了它一个问题，它是如何回答的呢？
将下面方框中的拼音拼出来，你就可以知道答案了。

目击证人

这条小鱼是一个盗窃案的目击证人！

下面小鱼说的这段话，从“小”字开始，每间隔一个字，就画掉一个字，将剩下的字连在一起，就是小鱼真正要说的话。

真可怕

马修说了一句话，你想知道他说的是什么吗？那就按照下面的提示来找出答案吧！观察下面三艘皮划艇的名字，将它们的名字中共有的那个字找出来，然后在下面的句子中，把这个字画掉，你就可以知道马修说了什么了。

出发

沿着下图中箭头的指示，画掉箭头所指方向上的所有字，然后将剩下的字组合在一起，你就可以知道侦探法尔弗耶下一站的目的地了。

		↘		↓			↓		↓			↙
	他	的	地	目	出	发	的	下	伦	纽	约	←
↘	火	车	站	巴	黎	上	海	北	敦	大	阪	←
↘	他	的	出	发	地	他	的	京	目	要	是	↙
↘	的	的	汉	堡	是	杭	州	都	的	亚	洲	←
→	目	飞	目	他	要	去	的	一	地	日	本	
	的	德	机	的	曼	古	一	个	城	市	他	←
	地	国	火	场	地	韩	国	站	行	他	要	←
↘	去	火	车	站	乘	车	阿	去	行	李	一	
	他	要	去	美	洲	的	阿	根	宫	东	个	↙
	他	要	去	非	洲	的	国	家	廷	京	欧	
↘	是	慕	尼	黑	他	是	国	法	是	的	去	←
→	要	突	尼	斯	杭	州	上	海	北	京	州	
→	去	俄	国	西	安	古	都	他	要	去	国	
	西	双	版	纳	云	南	省	中	国	的	家	
		↑	↑			↖		↑			↑	

抓紧时间

观察下面的图形，发挥你的逻辑推理才能，尽可能用最快的速度将图形补充完整。来测试一下，看看自己有没有成为福尔摩斯的天赋吧！

大师之作

保罗想创作一张完美的拼接画，他想让画作的每个竖列、每个横行的 9 个方格中都包含 9 种不同的颜色，你能帮帮他吗？

古怪的机器

弗弗教授发明了一台古怪的机器，要想启动这台机器，就得先解决下图方框中的谜题，快帮他启动机器吧！

谁偷吃了蛋糕

几个好朋友聚在一起庆祝一个小伙伴的生日，可是当他们打开生日蛋糕盒子的时候，发现蛋糕被人偷吃了。根据下面的线索，将偷吃蛋糕的那个人找出来吧：这个人戴的帽子不是红色的；他是个男孩子；他的鞋子不是白色的，而是红色的。

奇妙的魔术

魔术师把装在观众口袋里的东西变走后，藏在了下图的一顶礼帽中，你可能已经发现了，每顶礼帽上面都标有一个数字，把重复的数字画掉，剩下的那顶礼帽里面就藏着观众口袋里的东西。

魔术师的道具

观察下图中魔术师的道具的阴影，你能认出它们吗？然后将图片最下方黄色区域中的字间隔着画掉，你就可以知道魔术师的名字了。

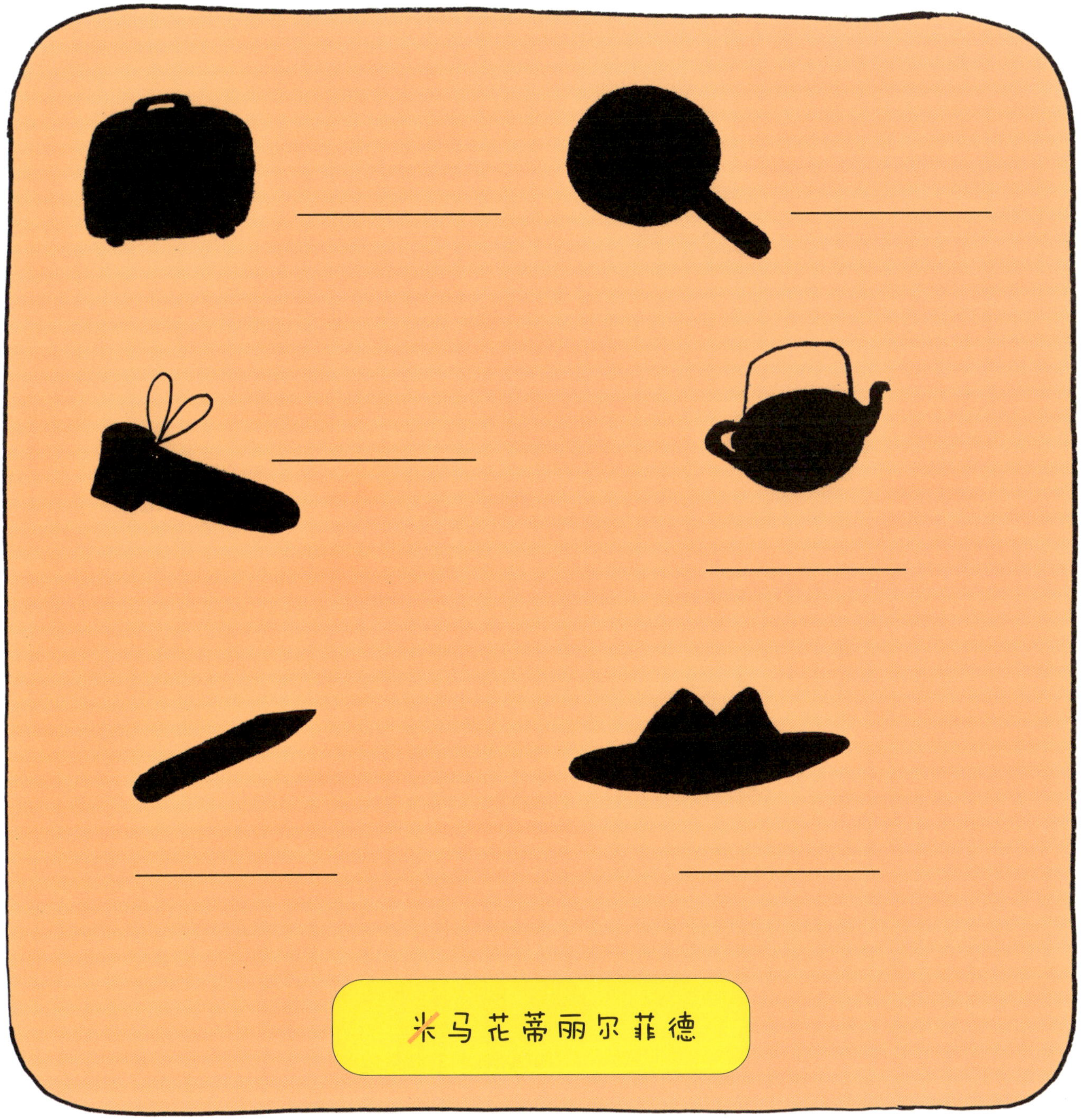

真假证言

证人

下图中的证人提供了一些证词，但是只有一个证人所说的话中没有漏洞，你知道是哪一个吗？

神秘的调查地点

下图每本书的封皮上都写有一组词，每组词中都有一个词与其他词类别不同，你能将它们找出来吗？其中表示处所的那个词，就是侦探法尔弗耶进行调查的地点。

消失的照片

班级

学校教导主任的狗丢了,侦探法尔弗耶把学校里的学生聚集在一起，向他们提了一些问题，想通过这种方式找到线索。下面的图片是学生们的照片，但是有 6 个学生的照片不见了，发挥你的想象力，画出这 6 个学生的样子吧，你可以随意发挥哟。

坏蛋二人组

下图中画的是一些坏家伙，他们喜欢两人一组去做坏事，快来帮帮侦探法尔弗耶，找出左侧标注着字母的坏蛋和右侧哪个标注着数字的坏蛋是一伙的！

A 和______一伙，B 和______一伙，C 和______一伙，D 和______一伙。

辨认蘑菇

薇薇安不知道这些蘑菇的种类。下面是这些蘑菇的图片和名称，但是它们都不是对应的，你能为这些蘑菇找到正确的名称并填在空格里吗？（注意，野生的蘑菇很可能是有毒的，不要随便采哟。）

周游世界

卡迪十分喜欢旅游。下图中圆圈里的字的顺序都被打乱了，跟着每个圆圈下面的线走下去，然后将对应的字填写在下面空白的圆圈中，你就可以知道卡迪下次旅行的目的地了。

彩色礼帽

看看这个烧脑小游戏！观察下面的三角形，找到彩色礼帽的分布规律，然后将三角形最下面的空格补充完整。

法尔弗耶的难题

侦探法尔弗耶要求他的助手写出一个江洋大盗的名字，他只给了助手下面的提示。快来帮一帮这个可怜的助手，看看这个大盗的名字是什么。

- 他名字的第一个字和中国秦朝之后的朝代名称相同。
- 他名字的第二个字和蛇发出的叫声同音。这个字也常与“文”组词，形容人文质彬彬有礼貌。
- 他名字的第三个字是老子的名著（提示：三个字）名字的第二个字。
- 将下面的俗语中空缺的字补充完整：三天不打，上房揭____。这就是大盗姓氏的第一个字。
- 他姓氏的第二个字是一种天气现象，会发出吓人的声音。常与闪电相伴，发生在闪电之后。
- “外”的反义词是什么？太棒了，你找到了他姓氏的最后一个字！

____

逃犯的罪行

雅克、保罗、奈莉和阿涅斯是逃犯，他们分别犯下了不同的罪行。看一下下面的文字描述，如果是肯定表述就在对应的格子里写1，如果是否定表述就写2。这样你就可以知道他们每个人犯的罪和犯罪的时间了。

1．绑架发生在下午，超速发生在晚上。

2．阿涅斯是在喝下午茶的时间犯罪的，保罗没有超速。

3．清晨，雅克在博物馆被捕了。

4．有人在中午的时候偷了珠宝。

		罪行				犯罪时间			
		盗窃珠宝	损坏博物馆	绑架	超速	8点	12点	16点	22点
罪犯	雅克								
	保罗								
	奈莉								
	阿涅斯								
犯罪时间	8点								
	12点								
	16点								
	22点								

信息拼图

侦探法尔弗耶刚刚收到了一封加密信。你能根据提示将信的内容破解出来吗？提示：把下面写了字的10块小拼图，放入中间的大拼图中，为了降低难度，有几个格子已经涂黑了。拼图填好后，就能知道信的内容了！

旧物换钱

小区里举办了旧物换钱活动。约翰、蕾艾、萨拉和梅乐婉都卖出了很多东西，萨拉说她赚得最多。计算下图中话泡里的算式，计算结果分别对应每个人赚的钱数，算好后看看萨拉说的对不对。

卖光了

上一页提到的4个人把他们所有的东西都卖掉了。你知道他们每个人都卖了什么吗？根据下面的文字提示，找出答案。

- 萨拉卖掉了两样可以穿戴的物品。
- 下图的物品中，只有一样是蕾艾卖掉的。
- 蕾艾卖掉的物品可以用来找东西。
- 梅乐婉卖掉了两样物品，这两样物品不带红色、橙色和黄色。
- 约翰卖掉了下图中的三样物品，其中一样物品可以用于旅行。

森林探险

两个旅行者要去森林里探险，在森林的入口处有一个指示牌，上面写了一些注意事项，你能帮他们找出来吗？

文森特的想法

开始下雨了。文森特看着雨，陷入了沉思，你想知道他在想什么吗？将下面混在数字中的拼音字母连起来，拼一拼，你就可以知道他的想法了。

需要照镜子的信

侦探图瓦图布尔在盗窃现场发现了一封窃贼给同伙留下的信。
将下面的信对着镜子照一照，你就可以知道信的内容了。

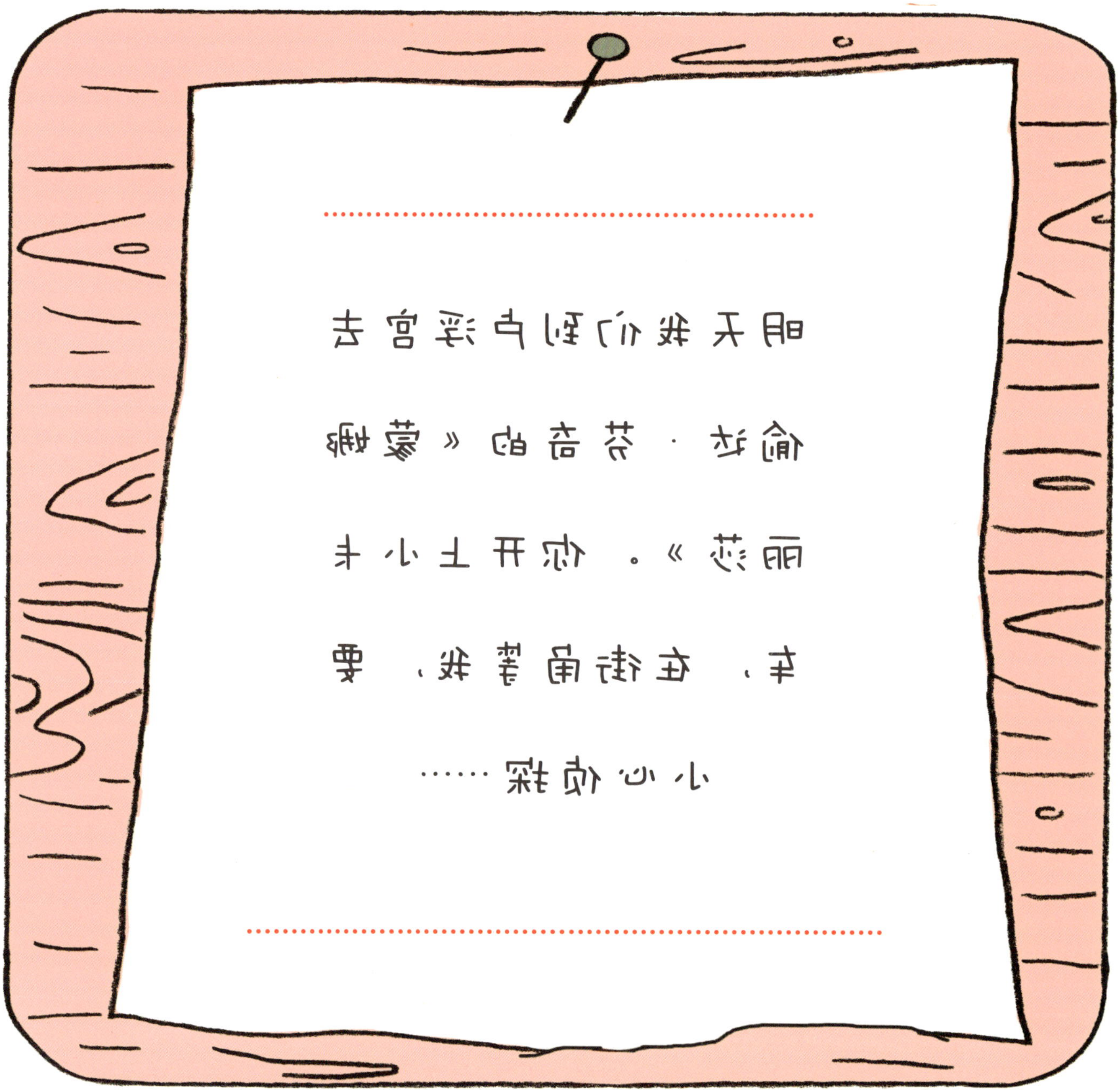

最棒的小侦探

听说你的数学很棒，那么来通过下面的题目证明自己吧！

诺阿、安托尼和雅尼斯争吵不休，每个人都说自己收到的生日礼物最多。快来帮帮他们，找出收到礼物最多的那个人！提示：安托尼收到的礼物比诺阿多，诺阿收到的礼物比雅尼斯少，雅尼斯收到的礼物比安托尼多。

穆顿先生问它的邻居：“我的狗只有两只不是长毛犬，只有两只不是斗牛犬，只有两只不是卷毛犬。我拥有的狗的数量超过了两只，你知道我一共有几只狗吗？你知道这些狗都是什么品种吗？”

你能帮助穆顿先生的邻居回答出这个问题吗？

不合常理

下图看起来有些奇怪！你能找出图中不合常理的地方吗？一共有 8 处。

海滩上的迷宫

伊蓝的小狗偷偷跑到海滩上去了。伊蓝想把它找回来，快来助他一臂之力！观察下图，只要沿着“海滩边惬意的假期”这个顺序走下去，就可以找到小狗。注意只能横向或竖向前进，不能斜向前进。

作弊的骑手

侦探法尔弗耶在一次调查中遇到了一群赛马骑手，他怀疑骑手当中有一个人作弊，根据下面的线索，将这个人找出来。

谁拿走了点心

有人偷走了孩子们的下午茶点心。阿特苏米和阿特苏卡想把小偷找出来。观察下图中这些人的名字，有两个人的名字不是由“阿特苏米”或“阿特苏卡”名字里的字构成的，她们就是小偷。

考古现场

考古学家正在岩洞中到处搜寻，想要找到恐龙化石。快来帮帮他，看看哪条线是对的！将这条线上的字连一起，你就可以知道他找到的是哪种恐龙的化石了！

梅丽萨的马在哪里

梅丽萨不小心把她的热罗尼莫弄丢了！热罗尼莫是一匹棕色的马，它的眼睛旁有黑色的印记，尾巴是纯色的，鬃毛不是黑色的，而且它的眼睛是睁开的。把它找出来吧。

小偷的肖像

博物馆里的一座雕像消失了！调查员收到了一封证人的来信，证人在信中指出小偷是个女性，还描述了她的外貌。根据下面的描述，帮助侦探画出小偷的肖像吧！

大侦探

下图中戴着礼帽的男子是一名侦探，他正在进行一项调查。下面标注着序号的小图是他用放大镜查看后找到的线索，你能在大图中把它们找出来吗？

1

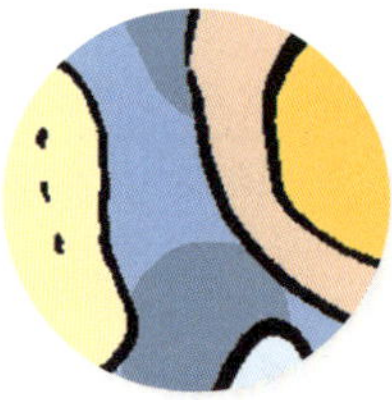
2

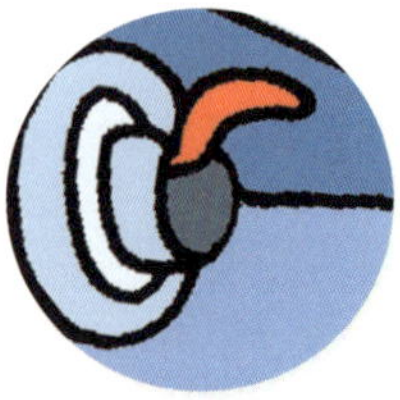
3

海盗团伙

下图中的五个人是一个海盗团伙。根据下面的提示线索，说出每个海盗的名字：阿里克斯站在弗莱德与米亚中间，萨姆站在弗莱德与梅乐中间，米亚的肩膀上有一只鹦鹉。他们的名字分别是：1 __________ 2 __________ 3 __________ 4 __________ 5 __________

遭遇海盗

为下面的 6 幅画排序，使其组成一个完整的故事，并试着讲一讲这个故事。注意：其中的一幅图是多余的。

出发了

观察下图中标注着数字 1 到 9 的九个人，根据每个人的特点，为他们选择合适的交通工具。他们当中有一个人需要步行，你知道他是谁吗？ 1 ________ 2 ________ 3 ________ 4 ________

5 ________ 6 ________ 7 ________ 8 ________ 9 ________

他们在说什么？

下图中白色的对话框与人物不是一一对应的！仔细观察人物，找出他们每个人说的话吧！

A ________ B ________ C ________ D ________ E ________

监控摄像

公路上的监控摄像会将超速行驶的司机拍下来，下图中标注着数字 1 到 7 的是几名司机的样子，标注着字母A、B、C、D、E、F的是摄像头拍下来的照片，可惜这些照片拍得有些模糊。仔细比对，看看哪个司机没有被摄像头拍到？

异常的火车站

火车站发生了一些奇怪的事情，有10处异常的地方，你能将它们找出来吗？

参考答案

2—3页

隐藏的物品是一条鱼。

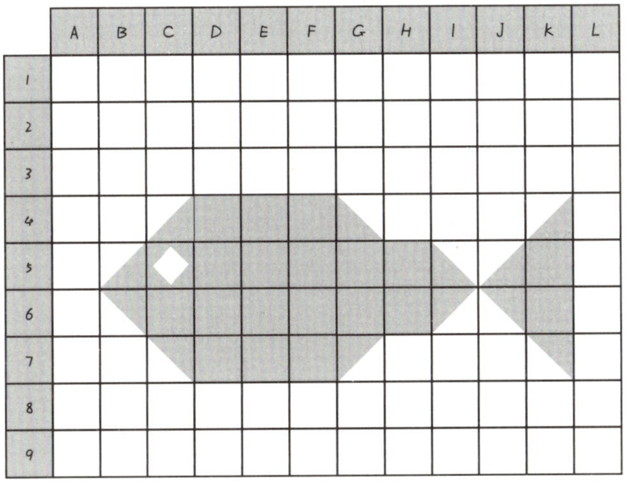

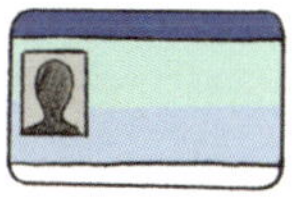

4页

1. H 2. I 3. C 4. E 5. G 6. A 7. B 8. F 9. D.

5页

嫌疑人的姓名是：张弓长。

6页

序列A：610 － 611 － 612 － 613 － 614

序列B：9 (x 8) = 72
8 (x 7) = 56
7 (x 6) = 42
6 (x 5) = 30
5 (x 4) = 20
4 (x 3) = 12
3 (x 2) = 6

序列C：111111 = 61 (因为数字1出现了 6 次)

序列D：ABC － EFG － IJK － MNO － QRS － UVW

序列E：cake=4 chicken=7 today=5 yesterday=9 before=6 tomorrow=8

序列F：12 － 21 － 34 － 43 － 56 － 65 － 78 － 87

序列G：J－F－M－A－M－J－J－A－S－O－N－D

7页

10页

11页

肉店老板赚了159元，面包店老板赚了53元，药店老板赚了102元，杂货店老板赚了80元。所以赚得最多的是肉店老板。

12页

1. 西方。 2. I 。 3. 爱不释手。 4. 欧洲。 5. 天王星。 6. OK。 7. UFO。

答案：XIAOTOU（小偷）。

13页

我把油画偷到了，到面包店后面找我。

我	北	京	把	天	津	上	海
武	汉	油	长	沙	画	青	岛
偷	郑	州	到	杭	州	成	都
昆	明	了	广	州	到	香	港
面	海	口	包	包	头	西	安
台	北	店	哈	尔	滨	后	面
找	兰	州	我	拉	萨	昆	明

14页

第 6 幅小图在大图中没有出现过。

15页

这6个词分别是：英仙座、国王、大象、亨利、马德里、丁香花。

小偷的目标：英国大亨马丁。

16页

17页

盒子打开后对应的是图片 F 。

18页

1. 她不一定是在撒谎，她可以在12月31日的23点59分开始吃橘子，在次年的 1 月 1 日0点 5 分吃完！
2. 太阳和月亮。3. 雅克的儿子。4. 吸尘器。
5. 因为他是一个兽医，动物是不会讲话的！

19页

船舵A = A / E / I / M / Q / U (规律是按照英文字母表的顺序，间隔三个字母)

船舵B = 1+2 / 2+1 / 2+3 / 3+2 / 3+4 / 4+3 (相连的两个格子中，将相加的两个数字调换顺序)

船舵C = 1 / 2 / 4 / 7 / 11 / 16 (+1, +2, +3, +4……)

船舵D = 5 / 1 / 10 / 2 / 15 / 3 / 20 / 4 (间隔的格子的规律如下: 5, 10,15……1, 2, 3……)

船舵E = O / T / T / F / F / S / S (英文数字1-2-3-4-5-6-7的首字母)

船舵F = 210 / 022 / 230 / 042 / 250 / 062 / 270 / 082

(序列210, 230, 250是一组，序列022, 042, 062是一组)

20页

朱莉应该选择黄色的药盒: 2 + 7 + 7。

21页

小偷先是趁着月色在珠宝店盗窃了一批珍贵的珠宝，然后躲过监控，沿着通向花园的小路逃走了。

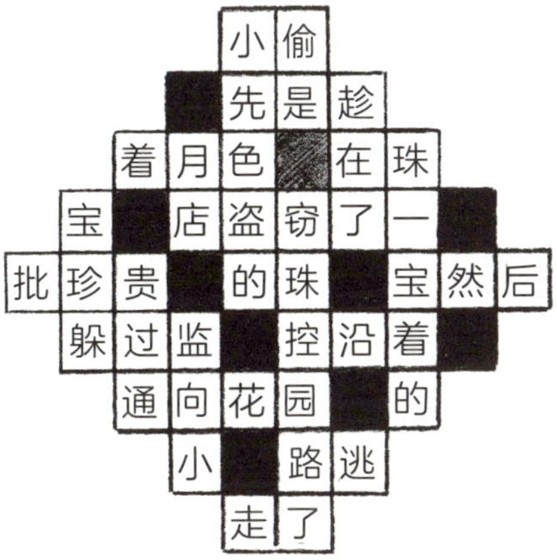

22页

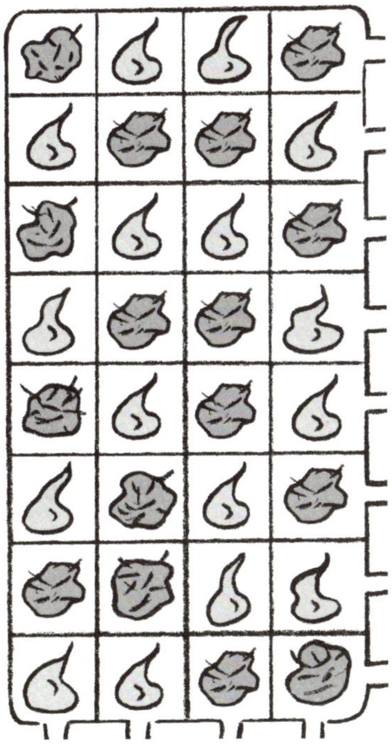

23页

侦探法尔弗耶应该去A3指示的地点——理发店。

24页

从上到下分别是：巴兹勒、拉弗伊尼、奥斯卡、罗兰、博尼法斯、阿尔塞纳、勒拉乐尔。

25页

A6 – B5 – C2 – D1 – E4 – F3

26—27页

这个偷东西的家伙长着一头金黄色的头发，他的脸看起来很清爽，胡子刮得干干净净，但令人费解的是，他戴着一顶红色的圣诞帽和同样颜色的领结。

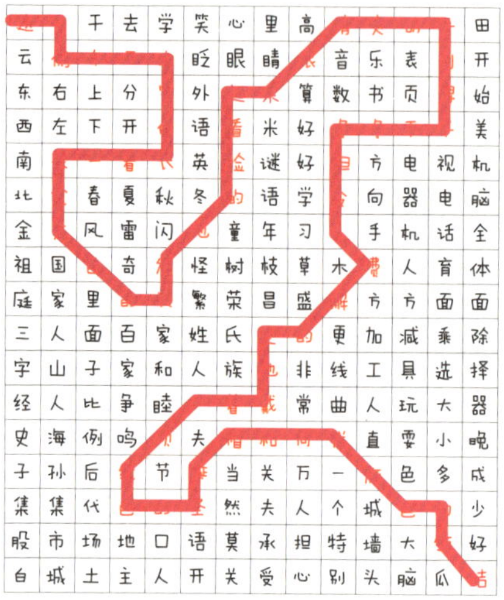

28—29页

这个偷东西的人，长着金黄色头发， 他下巴上没有胡须。他的头上戴着一顶红色的圣诞帽， 那是他顺手牵羊， 在玩具商店拿的。因为他想伪装自己，不让别人认出来。不过适得其反,因为这样的装扮，行走在大街上，他更加引人注目！

偷东西的人

金黄色头发

下巴上没有胡须

红色的圣诞帽

顺手牵羊

玩具商店

伪装自己

行走在大街上

适得其反

引人注目

30页

1H - 2M - 3C - 4J - 5D - 6A - 7P - 8I - 9N - 10F - 11L - 12B - 13G - 14O - 15E - 16K

31页

珠宝店报警器的密码是348。

32页

33页

尽释前嫌、半信半疑、暗箭伤人、自以为是、指鹿为马、相生相克。嫌疑人是马克。

34—35页

奇怪的物品是一把锤子。

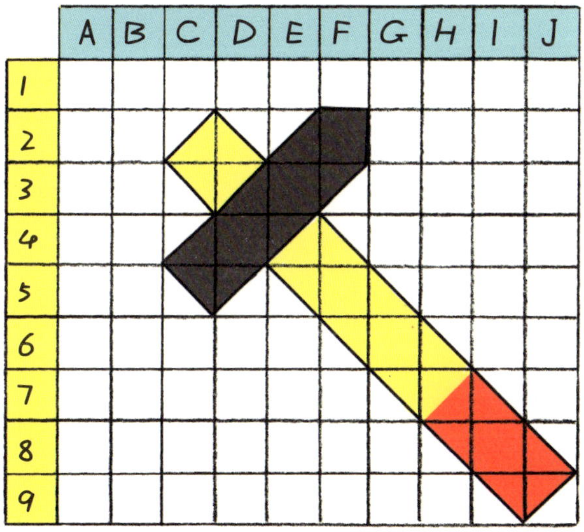

36—37页

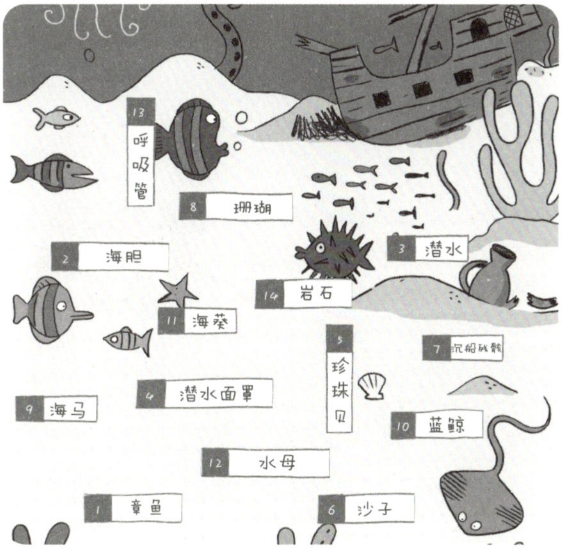

38—39页

海盗抢了一大批珠宝，可惜他们没能来得及将珠宝带走，于是把它们藏在了这片海滩。珠宝就藏在大树后的第三个沙丘下面。

海	盗	抢	日	中	饿	生	手	水	光	云	马	飞
木	和	了	一	果	皮	力	半	足	羊	龟	乌	耳
土	天	文	问	大	批	心	风	头	米	见	斤	回
东	服	衣	天	夏	珠	是	他	分	园	地	入	面
南	西	北	面	热	宝	球	皮	画	画	花	生	下
豆	瓜	方	他	惜	可	气	词	语	言	子	沙	丘
辛	苦	累	们	可	兔	子	月	亮	学	校	个	几
牙	齿	来	去	没	猫	狗	日	子	生	服	三	雨
刷	轮	子	丛	林	能	来	上	学	下	课	伞	第
新	年	过	风	刮	人	得	马	骑	坐	认	识	的
开	车	辆	宝	珠	将	及	不	停	蹄	词	字	后
躲	交	带	他	们	它	们	藏	止	水	大	树	弄
起	公	走	这	把	第	一	个	在	面	在	木	在
来	共	于	是	左	向	口	路	了	藏	子	林	家
样	同	时	间	右	边	变	这	森	就	儿	阳	里
显	示	表	手	脚	人	化	片	林	宝	童	向	外
入	代	时	远	古	怪	奇	海	滩	珠	改	正	确

40页

佩特罗要去的地点是墨西哥。

41页

唱歌、游泳、跳舞、跳跃。

42页

塞姆说："嗯，嗯，午餐我要大吃一顿！"
米拉说："我要用触手上的刺蜇那些想抓住我的人！"

43页

纳唐说："你小心后面，有只水母在你身后！"
左伊回答说："啊？是啊，这些鱼真是太美了！"

44页

单峰驼回答说："知道，双峰驼就是峰驼被劈成了两半的单峰驼。"

45页

小偷是从窗户进来的，他偷走了电视！

46页

共有的字是"艇"。马修说的话是："我们真的要从这里过去吗？我有点儿害怕！"

47页

他要去东京。

他	的	地	目	出	发	的	下	伦	纽	约
火	车	站	巴	黎	上	海	北	敦	大	阪
他	的	出	发	地	他	的	京	目	要	是
的	的	汉	堡	是	杭	州	都	的	亚	州
目	飞	目	他	要	去	的	一	地	日	本
的	德	机	的	曼	古	一	个	城	市	他
地	国	火	场	地	韩	国	站	行	他	要
是	慕	尼	黑	他	是	国	法	是	的	去
去	火	车	站	乘	车	阿	去	行	李	一
他	要	去	美	州	的	阿	根	宫	东	个
他	要	去	非	州	的	国	家	廷	京	欧
要	突	尼	斯	杭	州	上	海	北	京	州
去	俄	国	西	安	古	都	他	要	去	国
西	双	版	纳	云	南	省	中	国	的	家

48页

①②③④见下图。

⑤是以对称方式写在一起的两个阿拉伯数字。

⑥填写的是英文字母表中间隔的字母。

⑦是从 1 开始的英文数字的首字母。

⑧是偶数序列。

⑨是连在一起的罗马数字。

49页

50页

51页

偷吃蛋糕的是凯撒。

52页

剩下的是上面标注着数字16的礼帽。

53页

魔术师的道具是: 行李箱－ 放大镜－ 鞋－ 茶壶－铅笔－ 礼帽。

魔术师的名字叫马蒂尔德。

54页

1. 假证言:法国女性直到1944年才拥有选举权。2. 真证言。3. 假证言:发明垃圾桶的是法国人欧仁·布柏尔。4. 2月30日不存在。

55页

类别不同的词是:时尚－壁柜－电子游戏机－学校－电视。侦探法尔弗耶进行调查的地点是学校。

56页

57页

A 和3一伙，B和1一伙，C 和4一伙，D和2一伙。

58页

1. 鹅膏菌　2. 羊肚菌　3. 鸡油菌　4. 鸡油菌
5. 牛肝菌　6. 牛肝菌　7. 北风菌

59页

位于南太平洋中心的斐济岛。

60页

61页

汉斯德・瓦雷内。

62页

8 点，雅克损坏了博物馆。12点，保罗偷了珠宝。16点，阿涅斯绑架了一个人。22点，奈莉超速了。

63页

我的小狗失踪了，今天下午我带它去街上溜达，转过一个街角，我一转头，就看不见它了，帮我一起找找它吧！

我	的	小	狗	失		踪
了	今		天	下	午	
我	带	它	去	街		上
溜	达	转	过	一		个
	街	角	我	一	转	头
就		看	不		见	它
了	帮		我	一		起
找		找	它	吧	!	

64页

约翰赚了111欧元，蕾艾赚了76欧元，萨拉赚了56欧元，梅乐婉赚了60欧元。因此萨拉说的不对，赚得最多的是约翰。

65页

萨拉卖掉的是鞋和礼帽，梅乐婉卖掉的是羊毛线团和手机，约翰卖掉的是铅笔、行李箱和茶壶，雷艾卖掉的是放大镜。

66页

小心陷阱、狼和猎人。这个森林有蝙蝠出没，经常会出现蛇和蜘蛛。如果你是个胆小鬼，趁早离开，如果不是……那就祝你好运！

67页

我不能慌张，我要生火取暖。

68页

明天我们到卢浮宫去偷达・芬奇的《蒙娜丽莎》。你开上小卡车，在街角等我，要小心侦探……

69页

雅尼斯收到的生日礼物最多。

穆顿先生有三只狗：一只是长毛犬，一只是斗牛犬，一只是卷毛犬。

70页

71页

海	滩	意	边	假	海	边	惬	意	期
边	边	期	滩	边	边	滩	这	的	期
期	惬	期	意	滩	期	海	的	假	假
意	意	海	海	意	假	意	海	期	滩
海	的	海	假	意	的	意	滩	滩	海
滩	假	边	期	惬	的	海	边	意	的
海	期	海	滩	边	期	意	惬	边	假
海	滩	期	海	期	假	的	期	意	斯
海	惬	边	滩	边	惬	意	的	假	期

72页

8号赛马骑手。

73页

塔卡特阿和阿特西米。

74页

他发现的恐龙化石是雷龙。

75页

78页

79页

从左到右分别是：梅乐、萨姆、弗莱德、阿里克斯、米亚。

80页

顺序是D、E、C、B、F。图A是多余的（图上画有航空母舰）。

81页

1-E，2-H，3-G，4-B，5-A，7-D，8-C，9-F

穿着绿色背带裤的人需要步行。

82页

A-4　B-5　C-1　D-2　E-3

83页

3号司机。

84页

图书在版编目（CIP）数据

拉鲁斯专注力训练游戏书. 了不起的大侦探 / (法)
奥拉尔·梅耶, (法) 桑德拉·勒布朗著 ; (法) 特蕾丝
·邦特等绘 ; 唐天红译. -- 北京 : 中信出版社,
2023.2（2025.10重印）
ISBN 978-7-5217-5042-3

Ⅰ. ①拉… Ⅱ. ①奥… ②桑… ③特… ④唐… Ⅲ.
①智力游戏—儿童读物 Ⅳ. ①G898.2

中国版本图书馆CIP数据核字(2022)第225401号

拉鲁斯专注力训练游戏书：了不起的大侦探

著　　者：[法] 奥拉尔・梅耶　[法] 桑德拉・勒布朗
绘　　者：[法] 特蕾丝・邦特　[法] 洛朗・科林　[法] 洛朗・奥都安
　　　　　[法] 莫德・里恩纳尔
译　　者：唐天红
出版发行：中信出版集团股份有限公司
　　　　　（北京市朝阳区东三环北路27号嘉铭中心　邮编　100020）
承 印 者：北京启航东方印刷有限公司

开　　本：889mm × 1194mm　1/16　　印　　张：6　　字　　数：100千字
版　　次：2023年 2 月第 1 版　　印　　次：2025 年10月第 11 次印刷
京权图字：01-2022-3333　　书　　号：ISBN 978-7-5217-5042-3
定　　价：39.80元

出　　品　中信儿童书店
图书策划　小飞马童书
策划编辑　张婷
责任编辑　刘莲
营销编辑　潘琳　赵诗可　姚梦云
封面设计　谢佳静
内文排版　北京沐雨轩文化传媒